太極拳與靜坐

南懷瑾 講述

南懷瑾文化

出版說明

偶翻舊文稿，看到南師懷瑾先生講太極拳的這篇文章。當年雖曾看過，但現在再看才發現，這篇文章既高且深，可能是南師親自撰寫。

中國的太極拳，早已風行全世界，近年來，國外更有醫學報告，證明太極拳有緩解老年癡呆症的功效。

這篇講記是在一九六六年，南師應邀於台灣立法院第二會議廳所講，題目是「太極拳與道功」。難得的是，在講演的過程中，南師將自己學拳、學功、學道、學仙的多種經歷，說得清清楚楚。這都是中國傳統文化道家學養的內涵。現正值復興文化之際，特印行出版，作為讀者的參考。

本集另一篇是一九八七年，南師在美國時，與學子們有關靜坐的問答記錄。當時大多是初學的人，所以問題各式各樣十分有趣。但對學習靜坐而言，不論是初學或已學，南師的回答，提供了正確的觀念，雖云淺顯，但卻是重點。現將兩篇合併出版，以饗讀者。

又，當年邀請南師講演的韓振聲先生，為台灣太極拳協會會長，為人幽默風趣，常以老頑童自謔。後於一九七一年曾參加南師舉辦的禪七活動，現將他的報告附錄於後，亦一巧緣也。

劉雨虹 記

二〇一四年二月 廟港

目錄

三 漫談練氣與武功……25

目錄

太極拳與道功

緣起

太極拳協會會長、立法委員韓振聲先生，曾經以「太極拳與道功」這個問題來問我，所以就我個人年輕時學拳的經驗，提出來與他切磋研究，我們一致以為學太極拳到最後階段，應該走入修道的途徑較為圓滿。由於那次相談得很投契，後來又應他的邀請於民國五十五年（西元一九六六）十一月十一日，假立法院第二會議室做了此次講演。當天報紙刊出的新聞，誤以我為國術家相稱，實在不是事實，只是覺得國內的武術精神，與日俱衰，令人憂心，正如今日中國文化之亟亟待興一樣。而反觀太極拳在歐美各國則日益流行，每回看到國外寄來的拳姿照片，卻又不免有「橘逾淮而枳」的感慨。因而藉此次講演的機緣，貢獻個人一得之見，以就教高明，並以闡述我中華文化中武藝精神內涵之一般。

一、習武經過

童年

我自幼個性就好動，並嗜讀武俠小說，剛到十二歲時即開始習練種種武藝。此前則因體弱多病而日與藥物為伍，且目患近視，由於貪閱武俠小說，常私自躲在樓上書房按圖瞎練，父母固不知情。因心慕飛簷走壁，自亦練學跳樑倒掛，有一天，不慎從樑上跌落到地，聲震一室。家父聽到巨大聲響上樓察看，才知道我在偷偷習武，當時他老人家並沒有對我責怪，反而聘延武師到家教我武藝，這時我才正式開始習武。

啟蒙

當時在家鄉浙江樂清一帶，盛行所謂的「硬拳」，與今日一般練拳情形相差不多。起初，隨師習練時，固然不知道以我衰弱之軀而學此剛猛之拳是否適當，又不能分辨拳藝的優劣，每回於習拳之後有頭腦昏昏之感，莫知其所以然。但以從小志慕俠客義行，所以也就勉強自己照練如儀。

訪師

其後負笈四方，人事接觸漸廣，以心喜武術道功，乃不計耗資，不論宗派，凡遇有一技之長的人，或俱神通，或有道，或有武功，即頂禮叩拜為師。因此到二十歲前，所拜的師父，各門各派，積加起來亦多達八十餘人。所學範圍包括南宗、北派，長拳、短打，乃至十八般武器，至少亦習弄過十四件左右。外加蒙古摔跤、西洋搏擊等，真可謂：「樣樣統摸，般般皆弄」。

比賽

有一次，中央國術館張之江先生，於杭州國術館主辦全省性國術比賽，我亦參與其盛，以姿勢優異而獲冠軍。抗戰前，各縣市普設國術館，都有專人負責，武風維揚，盛極一時。然我私自反省所習武藝實未精到，各路各派，亦不過略窺其門徑而已，乃決心繼續尋師訪道，親近高明。

二、訪道經過

劍仙

當時聽到杭州城隍山上有一老道，傳說是滿清王室公子出家者，這位老道鬚眉皓白，童顏鶴髮，神采奕奕，據傳已成劍仙；得此消息，心中萬分興奮，即行前往拜謁，數次都未得見面（想起當時訪師求道之誠懇，見面即跪，而今日朋輩相訪，談玄說道等，甚或有人還以此過訪談道為對主人的一種施惠，算是看得起對方，今非昔比，想來頗多感慨）。聽說這位道長當時逢人來求皆推稱不會劍術，若欲習畫，他則教人畫梅。幾番周折後，我終於見到了他，即向他再三懇求學劍，只學此項，不求其他。因為我意誠心堅，終於獲得進一步約談。

他見面一開頭就問：「曾習何劍？」我答：「學過青萍、奇門等等。」於是道長即命我當場試練所習。我練了一陣以後，他批評說：「這真的只是兒戲，不可再練，徒費光陰，還是以讀書為好。」又接著說：「你所聽說一些小說書上說的白光一道，口吐飛劍，這類的話，在世界上並無其事。劍仙雖有，但並非小說上所描述的那樣；今天你暫且試練一下，每天晚上把門窗緊閉，房間內不點燈，使內室漆黑，僅點香一枝，嘗試用劍劈開香頭，手腕著力，而臂膀不動，等練到一劍迅下，香成兩半時，才進入第一階段。第二步再把豆子擲向空中，用劍在空中劈豆子成兩半，功夫能練到這裡，再來見我，再為你解說劍路。」

當時聽了以後，心想這實在太難了，雖然心知天下無難事，這樣練劍，也不是不可為，但因當時立志學文兼學武，俾能經世濟時，而諸事分心，惟恐心不專一則反而一事無成。魚與熊掌，不可得兼，遂作罷。放棄作劍仙，然而對於學拳仍舊勤勞，每日凌晨三時，必起床練拳，兩三小時後，再沐浴更衣。當年杭州西湖一帶武師甚多，我亦朝夕浸潤其間，躍馬佩劍，臂縛鐵環，腿綁鐵磚，也相近於那時的「太保學生」了（一笑）。以後訪遇僧道甚多，皆各有專長，然所說與城隍山老道大抵相同。總之，我在那段學拳時期，練習武功，可以說從來沒有間斷過一天。

入川

抗戰前二、三月，我即隻身入川，其後一些朋友也隨政府輾轉來到了四川陪都，相遇時都說我有先見之明，固不知道我想到峨嵋學劍的心願。記得那時一路訪道，到漢口時，曾遇到兩位異人，一道一俗，道者紅光滿面，俗者跛其一足，手中均捻弄鐵彈，笑容藹然。我竟不覺尾隨其後，自黃鶴樓前繞到後山，他兩人一直走也不稍回頭。翻山越嶺，直到下坡時，才回頭問我：「奇怪！年輕人你跟我們到這裡幹什麼？」我本想把訪師求道的心意告訴他，忽然感覺到天下騙子甚多，倘若在湖北隻身遇騙，那就麻煩了，於是說是遊山。他們又問我將往何處去，我說打算到四川，道人仔細看了我一回，然後說：「好的！你應該入川，我們後會有期，但是今天你不要再跟著我們了」，他並留了以後見面的地址給我，就此分別。至今回憶起來，該二人神態舉止都很奇異，令人回味無窮。後入川，遍訪青城、峨嵋仙佛觀寺，一路亦未中斷。

遇異

四川名勝鵠鳴山，為東漢期間道教祖師張道陵隱居之地，山上住有一位名號王青風的道士，是四川境內傳說的劍仙，我曾經上山尋訪他，多次以後，終於見到面，他亦是一位奇人異士。他說：並無飛劍這種事，但劍仙卻是有的。然而他的說法又與杭州城隍山老道所說稍有不同。他說劍為一種「氣功」，所謂以神御氣，以氣御劍，百步之外可以禦敵。又說劍有五類，大區別為有形、無形。他知道我羨慕「金光一道」的劍術時，告訴我需鑄備一寸三分長金質小劍，再以道家方法習練。一如道家煉丹之法，可將黃金煉化成液體，並可服飲，若中了毒，道家並有解此毒的藥。當時私自想到，現在到了科學昌明，槍炮及炸彈等威力無比的利器時代，還去苦練這種劍術幹什麼？如果是為了強身，則個人已經知道的許多方法，就足以保健，何必浪費時間在這方面。就因這樣想法，意志始終未能專精堅持而放棄了。

後來請王青風老師表演，那時我們彼此之間的感情已經很深厚，所以他就特允了我的請求。一次他站在山頭上，用手一指，數丈外對面山峰上的一棵老松即應手而倒。我童心未泯，尚驚訝地問他何以無光。他說：「我早已經告訴過你並無此事，欲練至有光，另有一番道理。」

這時他的大弟子亦在旁邊，這個人也是道士裝束，我亦請他表演，但見他用鼻孔吼氣，便看到他站立之處，周遭山土轉即成塵飛揚。這兩次表演都是我親眼目睹的事實，由此而相信中國武術，的確可練至甚高甚妙境界。此其一。

第二位所遇到的異人，在四川自流井，是由「厚黑學」聞名之李宗吾先生所引介。李公學問、見識廣博，道德亦高，世所罕見，其所著的《厚黑學》，如其所說：「撥開黑的，讓人見到真正的」，旨在諷世。我在自流井遇到他的時候，就說在附近趙家侖鄉下，有一位八十多歲的老先生，是得到武當內家武功的真傳，輕功已經到了「踏雪無痕」的境界，如果隨他學習，只需三年的時間便可有成就。因為這位老人的師父籍貫浙江，所以亦欲授一浙籍弟子以報師恩。知道我是浙江人，故願為引介。

於是我們坐「滑竿」下鄉去拜訪，相談之下，連稱「有緣」。老人見我對於飛簷走壁之事，心存懷疑，不大相信，他灑然一笑之後，即疾行一里多路，又快步走回來。這時剛好新雨初晴，地上泥濘，老人腳上穿的一雙白底新靴，一趟回來後，鞋底一點也沒有被泥染污，而且他在起步時，未見拿架作勢，灑然來去自如。他又問欲見走壁的身手否？隨即見他張臂貼壁，亦未有任何架勢，人已離地拔高，笑說：「你現在相信吧！亦願學否？」並稱說學這些功夫只有七十二訣，歸納成七十二字，一字一訣，一字一姿勢，循序漸進，無需廣場，僅樓閣之上，即敷應用，若願住三年，即可示教。我當時考慮再三，復因恐怕自己志趣不專，弄得百事無成，故只得婉辭。後來一路代覓可傳的人，卻沒有找到，至今心中仍掛念遺憾。

棄拳學禪

後來到了成都，遇到一位河南籍拳師，教我「十三大法」，就是太極拳衍變的十三架式，不剛不柔，然而每一個動作，著著可以致人死命。頓時感覺到倘使學這套拳的人沒有道德修養，動輒要人性命，如何了得！所以從此棄拳不學，專志學禪，在峨嵋閉關三年，一直與拳絕緣。

太極拳種式頗多，陳家太極以及楊家太極都曾習練，到現在還能勉強記憶的是楊家拳之姿勢，若演練全套，則因荒疏已久，頗有勉強之感。我對拳術，一擱就是二三十年，既不練習又不與人較量，可說一生從來未曾施用過，且越到後來越怕動手，愈厭習武。戰國法家韓非子之名言：「儒以文亂法，俠以武犯禁」，文人自古相輕，武人從來不服輸。好勇鬥狠，粗暴驍勇，有時令人難忍，因此以後與習武朋友也就漸漸地疏遠了。

武功的根源，首當追溯我國五千年前深遠博大的文化。古人造字，止戈為武，即已闡明武的原理。武功的目的是以武制亂，以求「和平」。後世學武，反而更滋生事端，學文亦是如此，這也是使我棄武學禪之主要動機。以上是我學武的經過，同時亦足以證明我並非所謂的國術家。

三、漫談練氣與武功

各報章雜誌近年以來，刊載了不少研討太極拳等武功的文章，而其說法也頗不一樣。有的說少林拳系達摩祖師所傳，太極拳為張三丰祖師所創。如果就武功的一般學理上去加以研究，在這方面的是非，並無多大價值，不必多加爭論。事實上中國的武功，溯其淵源，早自先民之初，人類原始生活中，即已粗具模式。所謂人與天爭，人與獸爭，人與人及人與環境相互爭鬥的生活演變中，就是武功產生之源。

淵源流變

春秋戰國時，中國武功已經很盛，如前所述武功的進展，跟時代、經濟、文化等等時空背景有極密切的關聯。春秋時代，各國相互征伐，戰爭用車用馬，崇尚車戰、馬戰，而步戰卻很少。漢以後車戰已然絕跡，只盛行馬戰。

再往後，武功才真正發展到由人手拿大刀、長槍作戰。原始作戰，取材簡易，故兵器中，棍稱「百兵之王」。以後在前端套一利器，演變成長槍、大刀等等。因之又轉以槍為「百兵之王」，而稱劍為「百兵之賊」。因為用劍對敵全賴巧勁，亦近於取巧。從人類文化在這方面的演變，就可看到武功進展的軌跡了。

迨至兩漢以後，兵器已由棍棒發展到長槍、大刀，此亦時代之趨勢使然。而作戰時採用短兵相接，乃唐宋以後之事。較早在南北朝梁武帝時，達摩祖師自印度來到中國，息隱專修於少林寺，直傳心法，尊為禪宗之初祖。而他在當時曾否談及武功方面的事，現在已然無法考據。凡找不到證據的，難免有被後世的人假託附會的嫌疑。佛教早盛於印度，然在印度先於佛教的宗教還有婆羅門教；打坐行功方面，則有瑜珈，講究練氣修脈。印度之原始文化與中國道家修煉上更有異曲同工之妙，而達摩祖師來自印度，當亦可能精於這類武術。

至於瑜珈之練氣練脈，動作極為簡易，只有幾個基本扼要的動作，明白了以後即會做，但是易學而難精。如果與中國道家的功夫比較，道家的功夫演而化之，僅呼吸一法，即可分三百九十多種，瑜珈則可分類成數十種。一般人認為達摩祖師來到中國後，冶瑜珈、道家於一爐，融會貫通而傳下少林武術。如傳說中或許可能有此一舉，但這只是強健養生之道，並未涉及禪的內容。而縱觀少林一門諸多武術的創始來源，有的類同中國古代失意的士人，遁世出家，或入於佛，或入於道。有的是觸犯法令的人，出家之後，政府則不加深究，可獲逭責。總之，出家人中，魚龍混雜，良莠不齊，有江洋大盜，亦有百戰將軍，紛紛退隱佛寺道觀之中，閒來無事，舒展拳腳，授徒開班，於是逐漸形成少林門風，亦並非不可能，故不必視後來少林的諸般拳術，盡是創自達摩祖師一人。

內家

如一般所謂的「內功拳」，歷來的說法亦是傳自少林。我國武術的內外之別，武術上有兩句成語。所謂「內練一口氣，外練筋骨皮」，可說是言簡意賅的說明，如南宗的白鶴拳，即是內家（內功拳）的一例。這是武當拳術，根據少林的演變，而衍成南宗諸拳，南宗即「內練一口氣」，亦即練氣，動作不能粗猛，這也是漸漸演變而來，不是一開始就成型的。

鼻祖何人

張三丰這個人，史上記載未詳，且有矛盾，究竟有無其人？近世考據學家，頗為懷疑，但據我的研究應該是確有其人，且為道家。因為歷代作史書的人，多為儒家，儒家的習性往往排斥釋道兩家人物，尤其在武術上有成就的人。或許因此在歷史上就起了爭論，也未可知。然而張三丰究竟是不是太極拳的創作者，則不必多言，試觀歷代道家有一種傾向，如老子所說：「功成、名遂、身退，天之道」，從不愛為人知，不喜出名。不像西洋人，一有所得，即急於發表而公諸社會，或造福大眾，或為利己。中國人的習性則相反，學養愈深，武功愈高，即隱姓埋名，隱跡山林，不願為人所知。這種對於「名」或「利」的不同觀念，正可詮釋中西文化的根本差別，在中國文化中以道家最為明顯。明白了這個關鍵，也就可瞭解無由考證太極拳是否張三丰所授、少林拳是否為達摩祖師所傳的道理。另者，明朝永樂以後，少林寺成為一大叢林，張三丰則為明代道教新興革命的一派，當時天下的各路流派，都歸向他，拳術內功，有一得之長的，咸歸功於張三丰，就像今日的種種創見，皆引證國父言論，天下之名也都歸之於國父相似。所以如今欲尋流窮源，追究根由，恐亦難獲結論，徒耗精力而已。

長拳

少林與武當兩派有什麼不同呢？最基本上是因南北地理環境迴異及生活方式不同而來。北方多陸地，北人善騎馬步行；南方多河川，南人好駕舟游泳，由於人文、地理環境的差別，於是影響武術的型態也有所不同。以我個人所知的經驗，少林多大架勢，長拳遠打，大開大合，正如北方的文化特質一樣。北方黃土平原，地多泥沙，我曾經見過北方有一種練腿術，一步一跨，大步踢腿，練功夫走路，都要踢腳而行。原是因為爭鬥一旦落敗時，必奪路而走，此時把泥沙踢起則煙塵滾滾，猶如現代戰爭中的放煙幕彈一樣。

短打

而南方拳也因地理環境不同，多在船上施展，所以注重於短打。好像在廣東，就流行一種「船伕拳」，實際即是少林五種拳中之龍形拳的綜合。練時兩腿下蹲，死死板板。蓋在明朝時代，倭寇騷擾我國海疆，我國訓練船卒，以御倭寇（北拳則為在陸地上使用的武術，陸地平穩，但波船動盪，不宜使用），得先拿穩身樁，才免受海浪擺動顛簸。所以就另創招式，如此漸漸形成閩粵間短打之風尚。天下萬事，其最早的源頭都非常相近，而流行到後來，則因地域及時代有所不同而因應演變成不同型態。因之武術修練實不必有什麼門戶之見，倘使徒作門戶優劣意氣之爭，那實在是可悲又復可憐的事。

因人

武術的發展，除了時間、空間的影響外，個人體形、稟賦，更是重大因素。太極拳之所以能夠盛行，為一般大眾接受，無外男女老幼欲求健康長壽之道，都可藉此活動筋骨。亦因這個原因，男女老幼都練，於是拳勢越來越柔化。時至今日，青年人打拳，姑且說句笑話，可以說是在跳中國之芭蕾，甚至真的有配以音樂節拍來練的人，足見時代在變，文化也在隨時變易中。

《易經》與太極拳

一般文人學士，因為體弱多病，而去練太極拳以強身，本來是很好很適當的事，奈何文人好事，又創立太極拳是來自《易經》的說法，牽扯到陰陽八卦上面去。太極拳到底與《易經》之配合如何？大家可任意去信從，但無多大實質的關係，如欲以手形分成陰陽，配合兩儀，即以手背為陽，手心為陰等等，似嫌理論空洞。「太極」的名稱，並未見載於《易經》本文，而這名稱的出現，至少也是宋朝以後的事，因為「易經太極」之說，是宋朝理學家所倡，唐以前沒有。而太極一名，最早為道家人士所提出，宋理學家便假借太極，作他們學說的根本依據，進而以陰陽、八卦闡揚他們的學說。故「太極拳」的名稱，也應該是宋朝以後之事，這是不會有錯誤的。倘說張三丰創造了太極拳，並無不可，但將那些《易經》理論上之事，加之於太極拳則不免多餘。《易》原為群經之首，放諸四海皆準，而彌綸天地之道，博大精深，永無止境。但若牽強，將精力虛擲在研究其與拳術的關係上，似有偏離武功實際之嫌。

高矮樁

太極拳尚有高樁矮樁之別，但練拳目的若在強身，則高、矮不必在意。反正筋骨做活動，終強過不動，高矮任各人自便，不必強爭何者為優為劣。若執著高樁神，或矮樁妙，方可以長生不老，則古往練太極拳的人不知凡幾，到如今都已一抔黃土，還有什麼高樁、矮樁之爭呢？

由淺入深

總之，做任何學問都一樣，無論是打坐、修道、學佛、參禪、做內功，先不必好高騖遠，奢談高深理論，成仙成佛都暫不必談，但修養到在世無病無痛，死時乾淨俐落，一不累己，二不累人，這已是不易，且慢奢望成仙作佛。學太極拳亦然，應該有這樣的觀念，實事求是，從基本上做起。

時地

關於「道功」方面的事，很多人一清早就起床練太極拳，這在台灣也許是一件危險的事，我們知道中年以上之人，在台灣有四種難治之症：高血壓、心臟病、哮喘症、關節炎。這四種病，在台很難根治，如果去易地療養，如至美、日、韓，氣候不同或可能有幫助。在台何以難治呢？試以拭擦銅器為例，在大陸拭擦一次，光亮耀眼，可維持兩個月不變黯，然在台灣則拭擦的隔天，即開始黯淡。又曾經以洗油管的方法，問一汽車駕駛員，在台灣與在大陸有何不同？他說大不相同，在大陸用水一沖即可，在台則需鋼刷刮洗，再三清除始可，他亦不明所以。實則，台灣寶島，一如大海中一葉扁舟，空氣內含海水蒸發的水氣，一如澡堂中瀰漫水氣，濕度大而又多鹽分。試想處在這樣的水氣中，早起練拳，練深呼吸，怎麼會更好呢？怎麼可以呢？在高山上海拔高處還可以，在平地沿海的地區行之，未必能健康延年，反而容易致病，真有未蒙其利，先受其害之感。這是我個人之看法，以及經過種種實驗研究後的結論。

台灣的氣候，因為經緯度不同，所受太陽之放射強弱亦與大陸兩樣，因此在台灣習拳，就不需要太早起，深呼吸也不必太猛烈，除非氣功真練到家，可以不在乎這些（因練好氣功的人，在呼吸時，全身毛孔能配合適應）。否則，用一般老方法在台灣作深呼吸，應該加以修正才好。這是我四十年觀察實驗所得，大致或許不差，尤其在台有習拳、或打坐、或練內功、或練氣功、或練太極拳，久了而得病的人，更要特別注意這點。

練氣

其次，練太極拳有方法問題，也是一項事實，無論學道家或佛家打坐，曾經打坐過的人，就可體會到身體內有氣機。道家的理論，說人身為一小天地，這不是虛言，這就涉及「練氣」。無論是印度之瑜珈，中國之道家氣功，皆以鼻練氣。世上最好之藥物，就是自己做氣功，而且鼻器官為自己所有，空氣也不必花錢去買。可惜的是，在千人之中有九百九十九人，對於練氣之功，不肯持之以恆去學，到了年邁力衰，百病叢生，也就真使人愛莫能助了。

任運自然

如果持之以恆，氣功練久了，就可知道使人健康長壽的，並不是對外界呼吸空氣的功效，乃是因此促動自身生命本能的動力，這好像是可燃之物不能自燃，還需要假借引火的東西或方法去點燃它，我們練氣功做呼吸亦是此理。中國道家所說的「氣」，一如今日科學所說的「能」，不是較低層次的「電」。以氣功的方法做練習，久而久之就自己會感受到氣機的發動，而且亦有一定之軌道可循。大家常常談論關於打通任督二脈的事，有的或者是受了一些小說渲染的影響，也跟著去做。其實任督脈不可用意去打通，應該在靜坐時，萬緣放下，將個人心中種種思想觀念越擺得開，越能通之於自然，這是所謂氣功修練的基本要點。

一般靜坐打拳的人，多用觀念去通，結果是欲速而不達。有一個很好的譬喻，以車輪的轉動來比喻氣機的轉動，如果把一個車輪離地架空起來，放鬆剎車，這時車輪不著於地，也不著於他物，只需輕輕一撥，即能靈活運轉，輕快無滯。倘使內用剎車掣住，外有磚物擋住，欲其轉動則非常之難。我們身體內的氣機時時都在運行，人只要還有一口氣在，尚未死亡之前，就本其軌道在運轉。可惜的是，大家因忙於外物的紛繁，不能精思反察於內，悟到這個原理。試看一個人於疲憊時，渴望歇息，一經休息，氣機即藉此循軌道而運行，疲勞盡去，精力恢復。打坐亦可看作是在半睡眠狀態，在不醒不寐中，至少可瞭解到，這種狀況能減少生命力的耗損，而延長使用生命力的期限，也就是得到延年益壽的效果。但這並不是得之於外來的增添，而是本身內在原有的力量，獲得引力而生發，循其軌道，行健自強不息之故。所以任督二脈的氣機，務使通暢無滯為第一要點。

一般都知道任督二脈須打通，何以又不易打通呢？原因有多種，但大多數是因在打拳打坐時，腦海中存一欲打通任督二脈的念頭。此一念頭，就無異於掣動身內氣機的剎車，使氣機停滯於內，或又因外緣的紛擾，使停滯於外。既住於內，又住於外，必致其阻礙澀滯，故亦有打拳、打坐、練氣功，致紅光滿面者。大家要特別注意，這種紅光滿面並不是好現象，很可能是氣血上滯，易致腦充血而致命，更莫錯以為這是無疾而終，而外行人誤會稱譽之為「有道之士」。其實真正氣機通了，並非紅光滿面，中國人是黃皮膚，應是黃光滿面才對。但非黃膽病之黃，這也要分別清楚。

風擺梅花

前面說過，拳術有高樁、矮樁之別，其實先不必泥執高樁或矮樁，功夫到時自然都會。目前有很多老年人以練拳作為促進健康的休閒活動，現在貢獻大家太極拳之一項基本動作，亦就是內功的「搖」。什麼是搖？即人站直，兩足併緊，全身沒有任何一處著力，四肢百骸都放鬆隨之輕搖，身如老樹迎風，就是颱風來也不著意，隨之而搖，身體逆動，這叫作「風擺梅花」，名字極富詩意。搖之久，可將身內氣機搖通，老年人練它，功效不減於太極拳，更可能比太極拳還要「太極」。

因人施法

僅以練氣為例，同樣是以鼻孔呼吸，但仔細分析下來，其方法有三百九十幾種之多，印度的瑜珈練氣有多種方法，究竟是用鼻或用口、吸時是否縮小腹等等，當因人而異。所有方法可以說都對，只是學的人各有稟賦，而應該重擇慎用，像年輕健全的人與體衰病弱的人，其鍛鍊的方法固應不同，如果用錯了，反而會縮短壽命。

這是應當深切瞭解及遵守的，學佛或學道，都應一律視為禁戒。如道家有的講究守竅功夫，所謂上丹田、中丹田、下丹田，就宜依各人自己體質而行，不可盲練。假使高血壓者去守上丹田，或守兩眉間的一竅，那麼就將促其早日「歸天」。又婦女如果守下丹田，久之則易釀成血崩等病害。故所有法門皆應因人施設，不可一概而論，這是基本原則！

氣機行道

其次，我們人類的軀體，大約可以在概念上分為上下兩截的結構，橫膈膜位於中間，為上下的分隔。道家畫神仙，往往身背葫蘆，象徵人體有上下兩部。譬喻人身的氣機分為上下兩截，道家稱陰陽。印度瑜珈又有上行炁、下行炁、中行炁、左行炁、右行炁等五種行炁。以中國陰陽學說看來，則相當於五行，又分前朱雀、後玄武、左青龍、右白虎、中央螣蛇勾陳，種種玄論，無非引證人體氣機之流行有五個道路。

死理學

說了半天，或有人問：「氣機究竟為何物？人身上究竟有無氣機？」有些精通西方現代醫學的醫生朋友曾來研究，現代西方醫學不信佛道丹田之說，他們依據西方解剖學上的知識，並未在人體解剖上見到丹田這一物質器官，因而否認有丹田的存在。西方科學實證方法自有其求真求實的獨到之處，但科學隨時在進步，也隨時在推翻以前的結論，我們亦不可隨便認定他們實驗的結論都是對的。現在的中國人有一種時髦病，就是「科學迷信」，或可稱作「迷信科學」，這種迷信有時比任何事物都難破除。我們應該知道，西方科學的解剖，是以死人為施行手術的對象，而「丹田」這個東西，要在人的生命活著時，才會有氣機作用，人一旦死亡，生命功能停止，即失去此作用。所以他們所謂之生理學，客觀看來，實在只能稱為「死」理學而已。但許多人心甘情願，寧可相信科學唯物的暫時推論，而不相信有功能可見的丹田，豈不是迷信科學嗎！

活解求穴

況且中國在古代已有解剖，而且是解剖活人。有史蹟可考的漢王莽，就曾集全國太醫、尚方以及巧屠，共同活解死囚，在當時已能探知人身三百多穴道。人體三百六十餘穴中，僅有一二十個穴道尚未能確定，因為當時這些醫師，對於這種慘狀，目不忍睹而未竟功。後來到元初，宰相耶律楚材是個博通道家、佛家以及天文、地理等多種學問的人，他曾經在戰場上將垂死的人作氣脈的研究，而將三百六十四穴全部確定，乃依據所得的結果鑄成穴道銅人二座，將穴道表現在銅人身上，詳細備至。該二銅人經歷明清二代傳至民國時，僅餘一個，我曾在自流井看到過，東瀛日本曾有相當研究，近年台灣也已有仿製。

氣機天然

人身氣機，乃自然之流通，一如地下水亦有必然之水路，每一水路各自形成一軌道。試將一杯水，傾倒在桌面，即可見到這水向四下散流，而水的流向自會循一定的路線。人身內的氣路亦是一樣的，各有軌道，各有自己的路線，我們不必用自己意念去另闢道路。中國醫經中曾講到過十四經脈，習靜坐而坐久後有所成的人，自能體會得到，果真經脈已通之人，不必使用意念去駕御，他的氣機會自然流行，於十四經脈自行流注。有時在不知不覺間，氣機自己起了動靜功能，不是我們所能控制的。在氣機的動象中，發現太極拳的原理，太極拳動的原理，就是自身中十四經脈氣機動的原理，且循其軌道運行。故太極拳亦可視為「練氣」之功，久之可以練至「胎息」的境界。而普通人身體上下為兩截，相隔不通，呼吸僅及胸腔，久練太極拳，呼吸漸漸可達丹田。

生命力之衰

中國道家、印度瑜珈，或密宗的理論，都會談到人類關於「死」的問題。無論男女，每個人的死亡，都是自腳部開始的。道家深明此理，故訓練「息息歸踵」，所謂「真人之息以踵」，一般解釋「踵」為足心的「湧泉穴」。試觀嬰兒躺在床上自玩，經常是活動他的雙腳，而雙手反而很少活動。後來漸漸長大，仍然愛跑、愛跳，雙腳好動，中年後一變，卻愛坐喜靜，反而討厭年少好動的人。殊不知人到中年，活力已消滅，下身等於半死狀態了，所以倦於活動。再看老年人，坐時更喜將兩腿蹺起高放在桌上，才覺舒服，這表明下部生命力已大衰，兩腳易冷，老態呈現出來了。若老年人能腳底發燙，腳下有力，則是長壽的徵兆。又看胎兒的呼吸用臍，丹田在動，嬰兒呼吸雖用口鼻，而丹田仍自然在動。到了中年老年，丹田的動無力而靜止，改變位置，上縮至腹、至胸，再至喉至鼻，最後一口氣不續，嗚呼哀哉……就此報銷。可見生命力之衰亡，是由下而漸往上，逐步衰竭。我們做氣機功夫或練太極拳功夫，要「氣沉丹田」，使氣機暢運無滯為要，這是健康之道。然而應該用何法下手，則須看各人的資質而定，不能一概而論。

四、太極拳法要簡介

姿勢務準

現在再轉入本題——「太極拳與道功」。但須再聲明我不是國術家，對拳腳一項，已根本擱棄，日常亦惟靜養打坐而已。現在僅就往昔所得的體驗，作一概述。練太極拳，姿勢很重要，若姿勢不準，則效果不顯著，對強身如此，對防身亦然。但倘使外家拳姿勢練得好，學少林拳亦一定準，若從二十歲左右開始練拳，則對「高樁」、「矮樁」不必太專，越專越吃力，受不了如許苦楚。

回憶當年練拳時，對於每一個姿勢，一擺即半小時至兩小時，且用一面大鏡，照著矯正身形，身形正確後，再配合氣機來練。太極拳有楊家、陳家、吳家等等，達七八家之多，無論練哪一家的拳法，姿勢務求正確，太極道理，渾身各部都在畫一個圓圈。譬如一個姿勢出手，自足跟沿膝蓋，達肩膀到手腕直至指端，每一關節都在活動，輕微地畫圈，勢正圈圓，配合人體生理方面的自然形態，自必事半功倍。

一般楊家太極拳流行最盛，因為當年在北京學習太極拳的人，多半是朝廷中的王公大臣，所謂士大夫階級，自然這些人都已屆中年以上，一如今日許多上了年紀的人，深覺體衰之可怕，為了強身健骨，增進健康而鍛鍊身體，就學太極拳，只是輕摸慢轉活動筋骨而已。於是在練時，便隨興之所至，做得大致形似，即自以為可以了。後世不明白這種情形，對於姿勢務求正確這一要項，反而都忽略掉了。

五空

其次，學太極要五空，第一要心空，思想要空。初練時固然必須費神記憶，但練久後則熟能生巧，自然可以練來不假思索，如老子所說：「人法地，地法天，天法道，道法自然」，心空自然，體內生理機能就自然發動。再要手空，兩手心空鬆，太極拳出手姿勢，無論陰手陽手，要像夾一個皮球在手中一樣，手指亦需在動，兩手必須要空。其次要腳空，兩腳心要空鬆，南方拳如前所說，是為了方便在船上作戰，不像在北方平原的馬上功夫。試把地球當作船，人在船上受搖動，必足跟與前掌之間拱起，足心空出，則足心的湧泉穴不受阻塞，氣機自易流出。以上為五空的道理（兩手兩腳和心）。

復次，學太極拳最重要在「神」，即道家說的「精」、「氣」、「神」，所謂「煉精化氣，煉氣化神，煉神還虛」，極為重要。一般練太極拳不得要領的人，多沒有注意到「神」的重要。姿勢準確後，雙目應注視向手的前方，神就投射到了，無論為了強身或防衛退敵而練拳，如不煉好精、氣、神，效果是不會顯著的。太極拳每一神態都異常重要，姿勢準確，氣機配合，五空做到，精氣神自然揉合，這樣練去，必得益處。對於呼吸，任其自然，不必加以導引，導引則心不易空，且道家的真正導引，亦並非如此解說的。

氣何所之

或問呼吸進入後，是否應注入丹田，或灌至某處。這一點在前面已經用車輪加剎車的譬喻說過，氣機剎住，反而不能到達。現在再作一個有趣的譬喻：試想人體皮囊，就像一個氣球，我們將空氣灌入氣囊後，要讓他停住在囊中的某一點不動，試問可以做得到嗎？行得通嗎？只要如以前所說的要點去練習，一切合度，那麼氣從鼻腔進入後，自然運行灌注全身，豈有停住丹田之理？且亦停留不住，所以不要妄立名辭，妄加解釋。當年老師教導時只說出氣可用口呼出，在呼出時嘴唇撮起，如吹簫的樣子比較好；進氣時閉口用鼻孔吸入，至於氣至何處，可以不問，因會自然全身灌注。人身每一部分，每一細胞都需要氣，沒氣就死亡。所以氣無法停留丹田，而且所謂停在丹田間又有何好處呢？大家不妨再參參看！

人到了中年以上，即不再練少林拳，而轉做達摩功，改修靜坐，這亦是必然的事。至於內功，宜採用道家或佛家的方法，姑且不談，反正都走靜坐的大路，倘使到了四十歲以上，還踢踢蹦蹦，久了或者反而發生弊病。眾生是可悲的，人類思想力最充沛的時候是在五十餘歲左右，這時也就是思想智慧達到最高峰的時節（體力充沛則在四十多歲）。可是一如蘋果在樹，剛一成熟，即刻自然落地，走向下坡路了。所以佛家看眾生是可悲的，生命無常短暫。不分東方人或西方人，於內功、醫藥，用盡方法想把生命拉長，多活幾年，到頭來亦是枉然。永遠長生不死，實不可能。但能活時健康快樂，臨去時乾淨俐落，已是了了人生一大快事。你說是嗎？

關於中西拳術比較的問題，依據統計，西方運動家能活七十歲的，寥寥無幾，他們到了六十多歲大都死去，足見激烈運動之不宜。而中國拳術家多半能享壽八九十歲。這其中，亦還有更細微的進一步分別；比如學少林拳而能享年百歲者就很少，除非他在中年後改學靜坐，而放棄拳術。另外有一種學太極拳者亦配合學習靜坐。至於改練靜坐功夫後，對於拳功是否會全廢呢？

答案是「非但絲毫不會因此荒廢，拳術反而因此更有進境」，所拋開的，只是技擊之術。而身內氣質之變化，使一身更加柔化，皮膚更加細嫩，病痛也逐漸消失，甚而身上多處像嬰兒一般，一切自然而然。太極拳之原理，在楊家太極拳某著作中，曾引用老子的話：「專氣致柔，能嬰兒乎？」近乎如此。所以練太極拳到後來的階段，應該走上內功的路才好。等到進入內功的境界，再體驗其姿勢，自然準確，可以從心所欲不踰矩了。

處處太極

偶然看到時下一般年輕人練太極拳，對於掤、履、擠、按，任一動作，比如「掤」，看他們連「掤」的圓都未掤好，這是不對的。譬如這一姿勢是太極，第二姿勢進入時將手拉開，恰為一圓，既不扁亦不方，一路行去，要在在處處是圓，連綿不絕才是。

太極拳講究「移步」，所謂舉步輕如靈貓捕鼠，踏足重如泰山，陰陽虛實要分明，且步伐移時腳亦在動，而腳的姿勢亦是太極，若欲配合《易經》之理，處處一太極，移形換步，都能自自然然地太極化了。

腰的運動

太極拳主要的重點，還有腰的運動，即注重身體下半截的生命力，道家講任督兩脈是人體的主要生命腺，尤以督脈為陽，自後腦腦下垂體區延伸，到下面頸項部位，開始分支散為二支經脈於脊椎兩側，至腰下尾閭又合而為一，至會陰復再分支，行於兩足，下達足底。故練拳的人，久久練至兩腿足筋越練越柔，則自然長壽。一般人年紀越老，因體內石灰質增加，膠質減少，經絡萎縮，兩腿愈來愈踡縮，走路老態龍鍾，連頭頸都沒有彈性，倦態畢露。

練拳的人，則鍛鍊筋骨，使之柔韌，隱伏有病痛的部位，亦可由痲木而漸知痠痛，而漸復正常。練拳打坐能知覺腰痠背痛，亦是好現象的開始，以後即恢復自然，萎縮的筋脈亦拉長，每拉長一分，即有年輕一歲左右之妙用，當然這是假說的數字。總之，這時的練拳靜坐乃利用本身的潛在能量，使其發揮，而成為一種靜定功夫充沛含藏之方法。

動中求靜

太極拳系求靜，非求動，更實際的說，是於動中求靜。現在再作進一步說明，當人在靜時，心內思想反而繁亂，此是大家所曾體認過的，一般人最怕寂寞，因為思想無所寄託，老年人最怕孤獨，感到人生沒有依恃的悲哀。但是對於學儒、學佛、學道的人而言，寂寞乃一種享受，故能甘於寂寞，樂於清靜。這是對靜坐已入高深境界的人而言，亦只有少數修養高深的人能達到的境界。

而生理的本能——生命的力量，即在此清靜寂寞中發動，老子說：「萬物芸芸，各復歸其根，歸根曰靜，是謂復命」，這是一切靜坐參禪的入靜境界。然此靜的境界，得來不易。武術是人體在運動，不過雖是外動而內心反易得靜，以此求靜境，也同樣得到殊途同歸的妙用，利用這個動靜相應的道理而發明了武術。當人身體在勞動時，思緒反而不會紊亂，亦即有所寄託，若身體不活動，無所事事，呆然不動，則反比死還難受，要不胡思妄想，亦不可得，孔子有言：「小人閒居為不善」，足見人心理生理之本能，自然有其相互關聯互動影響的作用。

太極拳之原理也是如此，打太極拳是在動，由動中的體力勞動，進而漸漸達到內心清淨的境界。所以我經常以孟子的話來譬喻拳術的道理。孟子說：「天將降大任於是人也，必先苦其心志，勞其筋骨，餓其體膚，空乏其身……」學拳的人，無論南宗北派，都在勞其筋骨；靜坐、練功的人，亦是苦其心志；那些做英雄事業之人，則是空乏其身，三者殊途而同歸。現在我們倘若能從勞其筋骨入門，自然也就可心志清淨，近乎道矣！

總之，太極拳是「動中求靜」，由靜而達到靜坐、內功所證到之境界，動靜互相配合，則於身心的健康大有裨益，這是必然而無可否認的。

如何靜坐問答錄

陳運生　記錄

一、一般問題

1 沒有師父指導，可不可以自己修學靜坐？會不會走火入魔？

答：可以啊，沒有什麼不可以。現代人最流行講走火入魔，其實沒有什麼火，也沒有什麼魔。只是對靜坐的理論和方法搞不清楚，再加上下意識裡有些神祕觀念，引發精神、思想不純淨，自己造成幻境，這便叫走火入魔。像宋明理學家們大都講究靜坐，沒有走火入魔過。因為他們靜坐的要旨重在養心，講究的是思想純淨，所以沒有什麼走火入魔這些鬼話。

2 是不是在佛堂才能靜坐？靜坐是否一定要燒香、穿法衣再入座？

答：不一定，隨便哪裡都可以坐，無處不可坐。信仰佛教的人才要在佛堂、禪堂靜坐。不是信仰佛教的人，哪裡都可以坐，什麼衣服都可以，什麼形式都可以，靜坐是共法，是佛法和一切其他宗教外道們的共法。

3 有家庭兒女、為生活奔波忙碌的人可不可以靜坐？

答：當然可以啊。靜坐是最好的休息。

4 生理上天生有病或肢體殘障可不可以學靜坐？姿勢不能完全達到標準有沒有問題？

答：靜坐主要的目的在心靜，並不一定在乎姿勢。心靜了就是靜坐，所以當然可以。

5 靜坐可不可以使身體恢復健康？

答：可以。

6 過度疲勞、愛睏的時候可不可以靜坐？

答：疲倦想睡的時候靜坐是休息。假使要做功夫的話，最好是精神好的時候，睡醒以後再靜坐。

7 靜坐是不是一定要吃素？在家人吃葷可不可以靜坐？

答：都可以。

8 什麼時候靜坐最好？是否需要在固定的時間靜坐？

答：什麼時間都可以。道家喜歡子午卯酉，那是配合陰陽家（不是《易經》）的物理自然法則，注重時辰靜坐，是做道家煉丹功夫用的，平常沒有時間的限制。

9 感冒生病時可不可以靜坐？

答：當然可以。感冒生病時，能靜坐反而會好得快些。

10 很嘈雜的工作環境可不可以靜坐？

答：可以「靜」，不一定要靜坐，在嘈雜的環境裡擺出靜坐盤腿的姿勢，人家看你是怪相。其實心靜在哪裡都可以。

11 有便祕、痔瘡或者駝背的人可不可以靜坐？

答：可以。心靜對一切病都有利。

12 懷孕的人可不可以靜坐？

答：可以。可是沒有練過盤腿的孕婦最好不要盤腿靜坐。懷孕以前有盤腿習慣的人，當然可以盤腿，這都沒有關係。

13 有精神病的人（包括先天及後天受環境影響）可不可以靜坐？靜坐對他有沒有幫助？

答：這個要看情形，也需要有人輔導。理論上靜坐對精神病者絕對有好處，但是沒有適當的人照顧輔導，有時候反而引起他更多的幻想，不太好。

14 靜坐的人可不可以常喝冰水？

答：看習慣而定。依照養生之道，最好是少喝為妙。

15 靜坐後可否立即洗澡？

答：這個沒有問題。

16 吃飽後可否立即靜坐？

答：初學靜坐的人，剛剛吃飽了不能靜坐，因為腸胃正在忙著消化，不適合靜坐。對靜坐已經有心得的人來講，吃飽了馬上去靜坐，一下子就消化了。初學的人最好吃飽以後，休息半個鐘頭到四十分鐘再上座。至於肚子餓的時候可不可以靜坐，初學的人最好是不要太飽也不要太餓。

17 房事過後可不可以靜坐？

答：可以。不過對初學的人來講不太適合，最好是房事過後，休息好、精神足了再來靜坐。

18 靜坐是不是有助於房事？

答：現在我們學的是靜坐，不是學房事。如果把靜坐積蓄起來的能量用來行房，拚命地動，同靜坐的原則相反，損失更大。

19 不洗臉、不漱口可以靜坐嗎？

答：靜坐同這些瑣事關係不大，暫不討論，免得浪費時間。

20 小孩子可不可以靜坐？

答：也可以啊！靜坐是養心，靜下來就對了，如果是好奇，想求神通，那當然不好，就不要他靜坐。

21 應酬喝酒後可不可以靜坐？

答：應酬喝酒醉了，你要他靜坐，他也不幹。要等他酒精消耗完了，消化好一點，安靜一點的時候再靜坐，靜坐為的是養心。

22 初學靜坐有哪些正確的參考書？或讀哪些佛家、道家的經典？

答：現在有關靜坐的書很多，正確的有摩訶（大）止觀、小止觀，學佛的最好走這個路線，或者是《佛法要領》。學道家的最好看《性命圭旨》《悟真篇》，不過註解不要亂看，各家註的不同。其餘的道書丹經很多，最好要審慎選擇。

23 靜坐以後可不可以參加喜慶宴會等俗務應酬？或看無關修道的雜誌文章和電視電影？

答：這些都沒有關係，靜坐並不妨礙普通生活。靜坐以後去打滾都可以，你要跳舞也管不著。

24 為什麼要靜坐？

答：這就要反問你自己了。

二、生理部分

1 靜坐時如何知道自己的姿勢是否正確？

答：這要憑個人自己的感覺。從外在來講，最好每個人對生理學、解剖學、醫學都有點瞭解，甚至看看醫學上標準的人體骨骼圖片。內在方面，自己對不對要憑感覺。假定一個人對自己身體感覺都不靈敏，當然有問題。可是世界上對自己身體內部感覺很靈敏的並不多。這要經過靜坐訓練、有相當功夫的人，才會對自己內部身體感覺很清楚。這樣可以養生、健康、長壽，所以主要的關鍵還是看自己。

2 靜坐時身體會顫動、發冷、發熱、發汗，這是什麼原因？

答：假使是因為靜坐的影響而有這種現象，這是病態的表現，因為身體內部本來有病，因靜坐而引發宿疾，就使你感覺清楚了。如果病很輕微，因靜坐發冷、發熱、顫抖（動），身體就會自然好轉。如果病比較嚴重，自己有醫學知識的就曉得治療，不然的話，要找醫生研究。這是靜坐的自然現象，不是靜坐引起的毛病。這是好現象，自己就知道怎麼樣去保養治療。

3 靜坐後體重增加或減輕怎麼辦？

答：不要太注意體重的變化。體重是受情緒、心理、生理、氣候和飲食的影響，隨時在變化。靜坐不要注意這個，否則就是太注重身體，偏向唯物思想了。靜坐是養心。

4 靜坐後精神奕奕，晚上睡不著怎麼辦？

答：靜坐坐得好，本來可以斷除睡眠。不要太重視這個問題。晝起夜眠和一天三餐一樣，都是習慣所養成，不一定非要如此不可。學佛的人，視睡眠是魔障，是蓋纏。如功夫到了不睡，一天當兩天用，豈不更好。

5 靜坐中，有時不由自主的氣動，身體搖擺不已，會跳動，或打神拳，該讓它繼續或停止？

答：那要看情形。人的兩部分，一個是知覺（思想），一個是感覺。氣動帶來的現象屬於感覺狀態。身體裡的氣機發動，可以說是好現象，也可以說不是好現象。身體裡哪裡有障礙，氣血流通時，它就自然反應發生這種現象。至於要讓他發展或制止，就要靠智慧來判斷了。有的人頭腦很清醒、很正常，為了他的身體，可以讓他繼續，等於是最好的內在運動，使他身體恢復健康。如果是精神有問題，或是思想傾向神祕性的，最好立刻制止，不然演變下去變成乩童、跳神的人。如再加上神祕思想，就變成病態，不應該如此。任何一件事的好壞都看人的運用。

6 為什麼靜坐後反而感覺腰痠、背痛、腳麻，覺得渾身是病，而且很容易受風感冒？

答：那是本來就有那麼多病。和前面的問題一樣，因靜坐而反映出內在的病，並不是靜坐導致你的病。腰痠背痛就是腰部有問題，如果自己不懂的話，趕快去看醫生。

7 靜坐後會打呃、放屁，是否有問題？在佛堂靜坐時可不可以放屁？

答：靜坐的時候最容易打呃放屁，那是中宮的胃氣要通了。普通人飲食過度，食道和胃腸都不大通的，多半有消化不良或者胃酸過多的問題。靜坐坐得好，胃氣通了，身體健康，上行是打呃，下行到腸子，腸子不健康的話，有很多廢氣在裡頭，自然要放屁。道家有些觀念，認為放屁是元氣漏了，不管哪一種屁，拚命夾著肛門，不讓屁漏出來，這是很危險的事。有些廢氣必須把它排泄掉，如果腸胃有問題，又忍屁不放，往往引起中毒的現象。可是對完全辟穀的人而言，不吃東西，腸胃清了，功夫到某一極點的時候，有一種屁是很難得的，不能放，放了會有漏精現象。究竟哪種屁是元氣，哪種屁是精氣，哪種屁是廢氣，要靠自己的智慧去體會，最好有廢氣就把它排掉。

至於在佛堂裡打呃放屁，這是生理自然的現象，沒有什麼不敬的問題。所謂不恭敬，是故意造成的便不恭敬。如果是生理自然的反應，佛難道不慈悲嗎？一個病人到佛堂，說這個病人很臭，應該趕出去，或者讓他忍屁而死，那還叫做大慈大悲的佛嗎？

8 靜坐後可不可以有性行為，是否必須戒絕房事？

答：這是個嚴重的問題。一般人學靜坐有很多不同的目的，包括健康、長壽、修道、求神通、學佛、練功夫，不管是什麼目的，基本上，靜坐是要守戒的，不能漏精、射精，這是基本原理。但是有許多人學靜坐就是為了性行為。尤其是男性，希望藉著靜坐把性工具練得堅強牢固，征服女性，以此為神通、快樂。如果是為了這種目的，則是自求早死，這是絕對不好的事。至於普通人靜坐以後能不能有性行為，就看你自己靜坐的目的是為什麼？一般來講，正常的性行為是可以的，不過要節制才是，不要隨時隨地去「做人」，太縱欲是有害的。

9 靜坐後，生理機能旺盛，性慾勃起，如何調伏？是否有澈底解決的辦法？

答：這是最難的問題了，也是靜坐第一關。大家學靜坐，不管是為了健康長壽，或是修道、學佛，碰到這一關幾乎都過不了，就自然會去做性行為。《楞嚴經》上也講到這一關很重要。所謂性慾勃起，就是淫根勃起，佛經上把男女性器官叫做身根，也叫做外淫根。實際上真正的淫根不是這個工具，而是心念。最好的調伏方式就是把心念空了，如果能空掉心念，這個不是問題。普通人心念空不了，在工具上面想辦法練氣功、練各種調伏，是很難達到效果的。當然也有各種特殊的方法，以修道的立場來講，最好的方法是減少飲食，腸胃空一點就很容易調伏。念頭一空就回轉了，回轉來就變成身體最好的營養。

10 女性月經期間，可不可以靜坐？需要注意哪些事項？

答：對一般初學的人來講，最好是休息幾天。如果是學佛的人，走心地法門，念佛參禪，看空了身體的，那麼，月經期間靜坐，一點妨礙也沒有，只有好處沒有壞處。至於道家和其他做功夫——所謂練氣血的，就要考慮一下，在這個時候故意鍛煉氣血，恐怕逆流反走，就形成氣血不順暢，反而變成病態；至於功夫好的人，就看她自己的經驗了。只能說到這裡，高深一層，以後再說。

11 老年人（尤其更年期的人）靜坐是否有需注意的事項？

答：沒有什麼特別需要注意的。多注意心地法門，信佛教的最好念佛，信其他宗教的，也要以他的宗教信仰為主，這樣靜坐，只有好處沒有壞處。

12 為什麼靜坐後，有時會聞到檀香味？

答：這有兩種情況，大部分是自己體內的變化。譬如說，靜坐坐得好，效果達到脾胃淨化，就會產生檀香味或其他香味；如果肝臟有了好的效果，就會產生一種清香的味道。本來人體內部是香的，都是自己心念不好，生理不健康，所以搞得很臭。另外一種情況是外力的加持，如佛菩薩感應所帶來的檀香味，這是宗教上的現象，不要搞不清楚。

13 有心臟病、高血壓、糖尿病等疾病的人，可不可以靜坐？

答：當然可以靜坐。不過，要走心地法門，注意思想念頭，只管心念，好好養心，那只有好處沒有壞處。如果想做各種功夫，就需要有專門內行的人指導。

14 靜坐坐得好，會一直拉肚子，不知道是什麼原因？

答：對靜坐坐得好的人來講，拉肚子是好事，表示氣脈走通了，在清理腸胃。我所知道的，有人甚至一天拉一二十次，最後像水瀉一樣，拉一次清爽一次，那是靜坐的效果到了，沒有什麼問題。不過，不要病態的腹瀉當作好現象，那是不對的，病態就要用醫藥才好。

15 靜坐坐得好，會經常漏丹，不知道是什麼原因？

答：漏丹原是道家的名稱，後來佛家也通用這個「丹」字，就是普通所謂的「精」，漏丹就是遺精。真正的精不只包括兩性的精蟲卵子，還包括各種氣的作用。遺精的途徑很多，包括夢遺、醒著遺，性交中早洩、遺精、陽不舉、陽痿，都是性荷爾蒙（內分泌），乃至整個身體荷爾蒙衰弱的毛病，所以丹也同全身荷爾蒙，包括腦下垂荷爾蒙、甲狀腺荷爾蒙、腎上腺荷爾蒙、性腺荷爾蒙等內分泌通通有關。丹漏了就是病態，不太好，最好靜坐坐到不漏丹。不漏丹身體絕對健康，可是不論男女，幾乎沒有一個人能做到不漏丹。

道家的理論和現在生理學不同，精是氣化的，這個氣不是空氣，也不是呼吸之氣，而是元氣，也就是生命能所變化出來產生的。想要煉精化氣，使身體健康、長生不老，甚至成佛成仙，第一項條件就是戒淫，斷除性行為。道家所謂「百日築基」，起碼一百天，將近四個月期間完全不漏丹，心理上還要完全不動淫慾之念，這個才是初基打好。不過，初基打好並不算成功，還要「十月懷胎」，等於一個女人，胎兒在肚子裡要好好保養。百日築基加上十月懷胎，是一年兩個月，生理上要沒有遺精或性行為的射精，心理上也要很平靜，像嬰兒一樣沒有淫慾。「十月懷胎」以後還要「三年哺乳」，這是比方的，要像嬰兒生出來還要哺乳，至少三年，要這樣不漏丹，這就是四年兩個月了。然後等「嬰兒」長大，這中間當然也不能漏精，如果漏掉了，「嬰兒」就長不大。四年兩個月以後是「九年面壁」，所以總共要十幾年不漏丹。以後還要不要漏呢？問神仙去。總之，修成功了，起碼也要十幾年，所以不漏丹這個問題講起來有那麼嚴重。不漏丹是初步，一般人學打坐，據我所知，大部分的人不坐還好，越坐越漏，漏得厲害，甚至還故意去漏，那就免談了。

16 有時特別煩躁，無法靜坐，怎麼辦？

答：那是心理問題，或是心臟、肝臟有毛病，都是身體內部有不健康的地方，就要注意。

17 有時靜坐會不想起來，也不想辦事，怎麼辦？

答：那要看什麼情形。有一種人是身體完全沒有感覺，那是病態，要治療。不過病態到這樣的人比較少。普通靜坐有一點點效果也會這樣，這要能夠自由作主才對，有心意能夠坐得住才好，而且在靜坐中發生心理生理的舒暢喜樂才是對的。

18 瑜珈術、氣功與靜坐入定有沒有關係？

答：都有好處。

19 有口水來時怎麼辦？

答：緩緩嚥下去。

20 後腦有聲音不停怎麼辦？

答：不要注意它，越注意越厲害，那是氣向腦部走，頭部氣脈快要打通以前的現象。不理它，氣自然就走通了，真正走通以後，還有更美妙的境界。

三、心理部分

1 靜坐時聽到特別的聲音（幻聲）及看到一些光影幻象，怎麼辦？

答：這些都是心理作用所影響，也有一小部分是由生理內部變化所引起的。這要記住《金剛經》上的一句話：「若見諸相非相」，知道一切是幻境，不理它就好。這些幻聲幻相並不是壞事，那是靜坐進步當中的一種現象。如果當成有神通、有鬼神，就是迷幻成真，最好停止靜坐。

2 靜坐時看到鬼怎麼辦？

答：也同前面的問題一樣，一切都是自己下意識的幻想，就唯識的道理來講，都是獨影境或帶質境。換句話說，都是下意識的精神狀態，不是真實的。只要把道理搞清楚了，一點都用不著害怕。

3 靜坐時胡思亂想不已，怎麼辦？

答：那很難辦。要走心地法門，那要多研究佛學囉！我也沒辦法幫助你，只能夠叫你空。佛也只能說：「住一切皆空」，怎麼空？佛、神仙都沒有辦法幫你空。

4 靜坐時容易昏沉睡著，怎麼辦？

答：昏沉睡著有兩種問題。一種是心理問題，心情沮喪、精神不好，會容易昏沉。一個是生理問題，身體、頭腦不健康也有這種情形。最好是睡夠了再起來靜坐。

5 靜坐時覺得心灰意冷，人生無望，想自殺，怎麼辦？

答：這個，佛都沒有辦法救你，要自己看空。至於說為了灰心去靜坐，已經不對了。既然灰心，就不會靜坐；既然靜坐，又要灰心，那不曉得為了什麼？這都是心理問題，必須自求解脫。不過，要想一想，自殺以後，到另外一個世界，那邊使你更灰心怎麼辦？

6 靜坐中突然想笑，有時又想哭，不知為什麼？

答：這是心理狀況引起的，第六意識不能作主，就會跟著這個現象亂跑。少部分也是生理狀況引起的。肺和心臟的氣走動了，就會喜歡笑；腎臟同肝臟的氣走動了，會有悲觀流淚的現象。但大部分還是心理因素，這要檢查自己的心理。

7 靜坐如何觀想光明點？觀想丹田可不可以？丹田的位置究竟在哪裡？

答：這個問題已經超過靜坐的範圍，完全是密宗與道家所注重的問題，屬於佛法修持和修道的範圍。修道學佛的人，不一定要觀想光明點，可以觀想的很多，譬如佛像。現在道家錯誤的解釋，肚臍下一寸三分叫下丹田。其實下丹田的位置依每個人的體型、手指長短而有不同。正確的量法是以每個人中指中間一截的背面為標準長度，從肚臍往下量這個長度，就可以找到下丹田。中丹田在膻中，上丹田在眉心、間腦這裡。上丹田、中丹田、下丹田，道家叫做三個丹田，所以觀想的時候，把這個光明點定在哪一個丹田，要看什麼程度、什麼時候。而且真正的明點不是觀想出來的，而是修道學佛的人功夫到達某一境界，光明出現，那才是真正自性的明點。觀想的明點不算是真的，而且不要擺在下丹田，尤其是女性，千萬不要這樣，否則對身體不好。

這是學佛修道的專門問題，要專門研究。

8 為什麼數息數兩下就忘了，觀想佛也想不起來，白骨觀也觀不起來？做這些工夫有什麼用？

答：那是學佛的專門問題，至於為什麼做不起來？因為心念不能止，不能專一。學佛能夠訓練到心念專一，也不昏沉、也不散亂，這是已經有了相當基礎，談何容易啊！至於說做這些工夫有什麼用？這太專門了，各有專書，不能籠統的講。

9 學習靜坐的人在日常生活、辦公時，應如何練習定力？

答：那就要看你的定力了。定力同靜坐可以說有關聯，也可以說沒有關聯。有定力的人，就算不學靜坐，也可以日理萬機，事情雖然多，頭腦還是很冷靜，心情也很平靜。至於說，靜坐坐得好，練出定力，用來做事，那要相當的功夫了。怎麼樣去練習？方法太多了，要實際去做，不是空談理論的事。

10 為什麼靜坐後，親情、友情、手足之情、男女之情反而更覺濃厚、更難割捨？該如何排遣？

答：這是智慧問題，不是靜坐的問題。不過因靜坐，頭腦清楚了，自己發現情重，並不是靜坐使你多情。這是心理同生理狀態，由形而下到形而上，要先研究佛學再講。

11 靜坐有了某種定力，可以把他人、世界和事件分隔開來，與我自己的內在漠不相關，得到一種逃開的寧靜。可不可以用這種方法？用壞了會不會精神分裂？

答：大體上這是很好的事情，不會有精神分裂的問題。但是細微思想很多的話，就等於雙重精神狀態了，那要注意。

12 什麼是健康的心理狀態？

答：這個很難講了，正常的人心理狀態就是健康的（一笑）。怎麼叫正常人，很難下定論。以佛眼看來，這個世界，便是病態的變相，人生，也多是變態的。

13 如何克服恐懼感？

答：這要道理上看通了。有宗教信仰的人可以念經、念咒，實際上這還不是究竟，究竟是要道理看通，檢查自己的心理，為什麼恐懼？

的。

14 脾氣大、嗔心重怎麼辦？

答：這也要道理搞清楚，檢查自己的心理狀態。這個不是靜坐可以解決的。

15 怕死怎麼辦？

答：最好死了以後再研究。（大笑）

四、修行部分

1 如何煉化精氣神？

答：方法太多了。所有的佛經、道家的書籍和印度瑜珈術都在這個問題上轉，這個問題太大了，大哉問。

2 何謂奇經八脈？

答：普通的經脈屬於神經系統、血管系統，奇經不是屬於血管系統，也不是普通的神經，是另闢一路的，有八個脈，就是八條氣化之路。奇經八脈不完全屬於肉體生理的部分，而是生理跟神經結合的部分。

3 在睡眠中怎麼用功？

答：既然睡眠，就不會用功了。既然用功，就不會睡眠了。

4 入定與睡眠有何不同？

答：這兩個名稱就不同。入定有各種定境，各種現象。定這個字很簡單，一個念頭，等於一個珠子一樣，把它定住在那裡，永遠是這顆珠子，那個叫入定。珠子不只一顆，還有各種各樣的東西，所以定有各種各樣的境界。千萬注意，不要把靜坐當作入定，那就錯了。靜坐是初步練習，將來功夫高了，可以因靜坐或學佛修道，進入你要的境界，那個叫入定。睡眠是大昏沉，當然不是靜坐的定境。

5 靜坐如何入定？入定後應如何？

答：靜坐是靜坐，入定是入定。入定是佛家、道家專有名稱，看你要修哪一禪定，百千法門，各有不同。「定」字本身的意義就是把一個東西定住，念頭像一顆釘子釘住，像一顆珠子放在那裡，珠子是活動的，把它定住，擺在一個中心點，專一不動。釘子、珠子都是作比喻，比喻有百千三昧，三昧是梵文翻譯，是百千種方法，使你達到「定」的境界。定是心定，身體跟著定，氣脈也跟著定了，這個叫「定」。入定的方法有很多種，所以佛教的念佛參禪，其他宗教專一的做禮拜、禱告，沒有雜念妄想，定到一個念頭上，乃至道家做各種功夫，密宗的各種觀想，都是入定的方法。但是定了就是悟道了嗎？不是。定跟悟道大有差別，靜坐得定是一般宗教、哲學共有的功夫，所以叫作「共法」；證得菩提、大澈大悟、悟道成佛，那個大智慧的解脫——「般若」，是不共法，佛法的真正中心就是智慧的解脫。我們普通學靜坐同入定還沒有關係，坐個幾天幾夜都不動，只能說靜坐坐得好，是不是達到入定的境界是另一個問題；而且達到入定的境界，同是不是悟道、智慧解脫了沒有，又是另一個問題，不能混為一談。

6 三際托空以後該如何？

答：三際托空是佛學禪學的名稱，太專門了，超出靜坐的範圍。那是把心分作三段處理，前一個念頭讓它過去，後面的念頭未來，中間的這個念頭當下就空靈了，這個叫三際托空，並不是佛法的究竟，而是最初步的空念頭的練習。實際上，中間這個念頭的空靈還是意識境界的空靈，這裡頭還要起慧觀，就是智慧的觀察。所謂一切方法，皆如夢如幻，這是假觀；一切方法即假即有，這是幻觀，也是假觀。然後一切方法的本體即有即空，即幻即空，這是空觀，還屬於三際的前後兩頭；然後非空非有，即空即有，自性本來能生萬法，亦能空萬法，這就進入中觀；中觀以後，中字還要捨掉，即是達到畢竟空，空還要畢竟捨掉，這些都屬於佛學的範圍。

7 什麼是出陰神、出陽神？跟化身、意生身有何關係？

答：出陰神、出陽神是道家的觀念；其實懂了唯識的道理，有時陰神、陽神還是屬於獨影意識的境界。拿道家來講，普通能夠出神，都屬於獨影意識的境界，都是陰神；真正出陽神，那要到達即身成佛境界，第八阿賴耶識整個轉了。這種獨影意識跟化身、意生身當然有關係，修成功了，獨影意識也變成化身，意識也可以化身去了。修不成功啊，一切都是幻想、魔境，這個也是學佛修道專門的問題。

8 坐中見佛、夢中見佛與實相見佛有何不同？

答：靜坐中見佛、睡夢中見佛、實相見佛當然不同啊，這個問題本身已經是答案，不要問我了。

9 靜坐時看到影相，有先知的能力，但時真時假怎麼辦？如何鑑別？

答：靜坐有時有先知，小事滿靈，大事反而不靈，都是第六意識、獨影意識境界。至於說靈不靈、對不對，這些問題是專門的，慢慢去參究，暫時不告訴你。如果把這個當成神通，認為很靈，久了以後就進入神通二號——神經境界，要特別小心。

10 開悟與靜坐有何關係？是否要開悟非靜坐不可？

答：開悟和靜坐可以說有關係，也可以說沒有多大關係。真正的開悟不一定要靜坐，但是如果為了開悟而學靜坐，這也是應該。

11 什麼是「三花聚頂、五氣朝元」？

答：三花是「精、氣、神」，氣脈到頭頂上通開了就是「三花聚頂」。五氣就是金、木、水、火、土，也就是代表肺、肝、腎、心、脾，這些內臟都絕對健康了叫作「五氣朝元」，這兩句話合起來的意思就是奇經八脈、氣脈都通了。

12 如何鑑定一個人有道無道？

答：這個很難講，這個問題不答。有道的人一定慈悲喜捨、戒定慧俱足，很明顯的。

13 悟道有什麼用？悟後又如何？

答：悟了道以後好吃飯、好睡覺。（大笑）

14 天眼通、天耳通、神足通、宿命通、他心通如何修煉？程度差別

如何？

答：其實人都通的嘛。吃了飯會拉屎、耳朵聽得到、眼睛看得見，這都通啊。至於說那些神通，有專門的修法，修成功了，還不算真神通，要大澈大悟以後，自性本來具備神通，那又屬於佛法範圍，以後專門再講。

15 有了神通可不可以表演？

答：有神通的人都不表演，表演的叫魔術。

16 悟道的人是否一定具足神通？

答：那有兩種情形。有些人悟道了，不要神通。有些人悟道了，有神通。至於一般人想學道、修神通的，已經是不通，表演神通更是魔道，那叫做耍魔術。

17 報化身成就，是否非雙修不可？

答：不一定，不應作如此說。這是佛法專門的問題，不在此討論。

18 禪宗三關在功夫境界上怎麼講？在菩薩果位上如何說？

答：這些在《禪海蠡測》中都有，這裡不談。

附錄

老頑童的話

韓振聲

前曾聽過南師懷瑾講《道德經》，經一年有餘，對於佛道的理論，稍有印象。突於去年（一九七一）十二月二十八日偶訪南師，承蒙厚愛，囑於本年元月一日來此打七。屆時來此，毅然決定七天未離會門。每日上下午各靜坐四次，行香四次。每晚小參，由南師指定同學們各訴心得或感想，約有三至四時。同學們計有三十五位，美國人有白先生、沙邦欣，態度誠懇，意志專一，令人起敬！有西藏德吉女士，約三十歲左右，由大陸逃來，經過種種艱難困苦，真是死中求生，故此，曾叫她為活菩薩，是因其喜笑顏開，活潑可愛。嗣經南師講到佛中苦況，她就放聲大哭，經師指責其應肅靜，她就默然無聞，儼然到入定狀態，如此又叫她為定菩薩。蓋此，非開玩笑，實因其真情流露，吾以為離佛不遠矣。尚有明儀法師、許崇禹、王徵士、鍾德華、劉修如、劉大鏞、張東生、葉士強諸位先生，聽其報告，悉為修養有素，得道之士，令人望塵莫及，以上是感觸中一般情形。再就理論和靜坐實況略述之：

（一）理論的：南師所講以佛理為宗，配合以道、儒兩家取證，三家說法雖然不同，而其真理則一。第一天開始即指明「心地法門」、「剋期取證」，前者就是研究人生之究竟，當時命題曰：「我是誰」？「誰是我」？七天之內雖有千言萬語，公案層出，無非都是研究「這個」。後者就是拿出佛、道、儒三家之經典取證，再舉出人之日常生活終不能離乎「這個」。然我如笨牛，仍然不能明白「這個」。但絕不灰心，今年不成，再待來年，以至若干年，雖釋迦牟尼之聖佛，尚經六年苦行，十二年苦修，始可成佛，如我之心亂如麻，不脫凡俗，豈能一二年之有成乎。

（二）次言靜坐，余學靜坐將近兩年，每天一次不過半小時，並無什麼進步。在此七天之內，每天有八個半小時，除腿仍感麻木外，其他似已感覺不一樣。有時覺得熱氣周流，有時感冷風護身，這種情況不知是進步呢？還是退步呢？師說如此是進步。故回家後仍照舊靜坐，但每天僅有三個半小時。

初到時根本不知打七是什麼？每逢行香，師必打香板數次，打板時眾皆站立，即開始講道，講畢再打一下，又開始行香，約十餘分或二十分，就上去靜坐。如此一連七天，聽到的很多，懂得的很少，悟得更少。最後兩天，師就指明「我即是佛」一語，忽悟到就是答覆「我是誰」的結論，「我即是佛」，已無疑義。但「我」有「真我」、「假我」之別，「真我」是一點靈明，在父母未生我以前，本來具有。至生來以後在嬰兒時靈明尚多，逐年長大靈明漸失，愈長大則欲望愈多，智識愈高，而靈明愈為塵埃蒙蔽，就等於真我喪失。然欲恢復本來面目之「真我」，非加修持不可。此七天之打七，就是修持之道，所謂「禪定」是也。「禪」者消滅妄念也，「定」者意念專一也。譬如釋迦牟尼身為太子，不願繼承王位，應該娶妻納妾，享受榮華富貴，但他俱不樂為，一心要出家，苦行六年，以至於十二年，受了種種折磨困苦，終至成了佛祖，此非具有道根慧根，曷克臻此。至於五官俱全之我，看形相雖是我，實是假我，因靈明沒有，不知何時臭皮囊一丟，就歸於「空」了，此即佛經上「色」即是「空」，「空」即是「色」之原理也。此理是真理，永恆存在；又名天理，是自然生成，無論何時何地俱可適用，均為佛、道、儒三家之所共同主張，惟說法稍異耳。「真人即是佛」，固然可置疑，然如何始能做到「真人」乎？佛法有「戒定慧」之修持，道家有「虛極靜篤」之素養，儒家有「仁誠公」之教條，而均以「心性」為基礎。佛曰：「明心見性」，道曰：「修心煉性」，儒曰：「存心養性」，此心性之研究，即屬心地法門之課程。

七天內舉證甚多，解釋甚詳，不曰跳下山崖，即曰放入大海，或斷臂指，或擰鼻子，或打掌踢腳，均可悟道成佛，而皆是在本來心地上追求，並不是向外處尋覓。所謂「直指人心，見性成佛」。又曰「道不遠人，遠人非道」。「道者不可須臾離也，可離非道也」。人之所以為人，就在有無「道在人心」。「人心有道」，是本來具有，但因欲望日多，就變成私的人心，所謂「人心惟危」，危險下去，焉能成佛？「人心」減少，自能恢復本來的「道心」，「道心惟微」，雖微而離佛不遠矣。人生有三大關，一生死關、二名利關、三美人關。此三關確實不易度過，佛法列入戒條，名為三戒，即貪、瞋、癡。

貪為三關之戒條，瞋為爭氣好勝之戒條，癡者，妄自尊大，如有一技之長，或智識豐富，即以為了不起，此即先入為主之成見，適為滿招損之結果，佛家名為知識障礙，不惟招損，且礙成佛，此尤為戒條中之重要者也。墨子摩頂放踵——兼愛，能成佛；楊朱拔一毛利天下而不為，亦可成佛，因其有真性，果能修持，自可成佛。所畏者，既自私，又損人，利己而損人，是強盜，尚不失人類，若再加以作偽騙人，那就成為魔鬼，魔非人類，自難成佛。嘗聞道家成仙，通稱為「真人」，自然「靈光獨耀，迥脫根塵」；佛稱為「真如」，或「如來」。如來，就是不失其本來，本來就是真性仍存，此兩稱呼，乃為得道成佛所宜有也。

太極拳與靜坐

建議售價 ・120 元

講　　述・南懷瑾
出版發行・南懷瑾文化事業有限公司
網址：www.nhjce.com
代理經銷・白象文化事業有限公司
412台中市大里區科技路1號8樓之2（台中軟體園區）
出版專線：（04）2496-5995　　傳真：（04）2496-9901
401台中市東區和平街228巷44號（經銷部）
購書專線：（04）2220-8589　　傳真：（04）2220-8505
印　　刷・基盛印刷工場
版　　次・2014年12月初版一刷
2015年12月初版二刷
2017年5月初版三刷
2019年12月初版四刷
2021年2月初版五刷
2023年9月初版六刷

設計編印
白象文化
www.ElephantWhite.com.tw
press.store@msa.hinet.net
總監：張輝潭　專案主編：林榮威

國家圖書館出版品預行編目資料

太極拳與靜坐／南懷瑾講述．--初版.一臺北市：
南懷瑾文化，2014.12
面：　公分.
ISBN 978-986-91153-1-5（平裝）
1. 太極拳 2. 靜坐
528.972　　103021000